CADRUL MCKINSEY 7S

Creșterea performanței afacerii, pregătirea pentru schimbare și implementarea unor strategii eficiente

50MINUTES.com

CADRUL MCKINSEY 7S

Creșterea performanței afacerii, pregătirea pentru schimbare și implementarea unor strategii eficiente

scris de Anastasia Samygin-Cherkaoui
tradus de Alina Dobre

50MINUTES.com

CADRUL MCKINSEY 7S

INFORMAȚII CHEIE

- **Denumiri:** 7S, Cadrul 7-S, Cadrul 7S McKinsey.
- **Utilizări:** managementul organizațiilor medii și mari, adaptarea la schimbare.
- **De ce are succes?** Este ușor de reprezentat vizual și foarte aplicabil.
- **Cuvinte cheie:** organizație, model, management, schimbare.

INTRODUCERE

Istorie

Cadrul McKinsey 7S datează din anii 1980 și a fost introdus pentru prima dată într-un articol scris de Robert Waterman, Thomas Peters și Julien Philips, *Structure is not Organization* (1980). A apărut într-o perioadă în care strategia și organizarea unei companii erau în centrul atenției. De fapt, ea implică regândirea întregii organizări a unei întreprinderi, nu o simplă rearanjare a practicilor utilizate.

Astăzi, aceste grafice și diagrame – diagrame de flux, de proces etc. – sunt larg răspândite în mediul economic, dar la vremea respectivă, a fost o lovitură de geniu din două motive:

- în primul rând, reprezentarea modelului sub forma unui atom a fost surprinzător de originală;

- în al doilea rând, repetarea aceleiași litere inițiale "S" pentru fiecare dintre elemente creează un efect de aliterație.

Ambele caracteristici facilitează memorarea conceptului și vizualizarea structurii celor șapte elemente ale sale. În cele din urmă, ele contribuie la faima și longevitatea sa.

Definiția conceptului

Cadrul McKinsey 7S, dezvoltat de firma de consultanță McKinsey, este un instrument de diagnosticare organizațională, prezentat schematic sub forma unui atom. Denumirea conceptului evidențiază, cu ajutorul unui dispozitiv mnemotehnic simplu, atât numărul de elemente ale cadrului, cât și constituenții acestuia, care încep toți cu litera "s".

E BINE DE ȘTIUT

Înființată în 1926, McKinsey este o firmă de consultanță strategică prezentată ca fiind la nivel înalt, deoarece se adresează în primul rând companiilor active la nivel internațional, în fruntea cărora nu este rar să găsești foști angajați ai McKinsey.

TEORIE

O parte importantă a succesului Cadrului 7S McKinsey constă în reprezentarea modelului sub forma unui atom: această imagine este dinamică şi arată interconexiunea simplă şi aproape evidentă dintre elementele care îl compun. Fără să le respingă, ea se distanţează în mod dramatic de diagramele în formă de lanţ, care arată diviziunea sarcinilor şi creşterile de productivitate bazate pe viteză, şi de diagramele tradiţionale de flux piramidale, chiar dacă acestea încorporează acum din ce în ce mai mult fluxurile de informaţii.

Încă din anii 1930, studiile au evidenţiat importanţa relaţiilor umane. Acestea duc la concluzia inevitabilă că este o greşeală să credem doar în conexiunile profesionale. De fapt, între lucrători sau grupuri de lucrători se dezvoltă relaţii şi interese care depăşesc cadrul teoretic al structurii organizaţionale. Aceste relaţii pot fi, cu siguranţă, prietenoase, dar şi adesea influente. Cu alte cuvinte, ele depind de capacitatea unei persoane de a schimba comportamentul altei persoane, în mod conştient sau nu, pentru a-şi promova obiectivele sau valorile. Imprevizibile pentru manageri, aceste relaţii sunt extrem de importante, deoarece sunt capabile să schimbe organizaţia în ansamblu. Fiecare dintre noi poate atesta acest lucru, amintindu-şi situaţii în care persoane dintr-un grup şi-au schimbat comportamentul, ceea ce a modificat apoi rezultatele tuturor. Să luăm exemplul sportului, unde schimbarea antrenorului poate duce la rezultate diferite, deși echipa rămâne aceeași și fiecare membru își păstrează funcția.

În mod similar, companiile se schimbă și, prin urmare, nevoile lor se schimbă. Bineînțeles, elementele de bază rămân aceleași: există încă întreprinderi familiale, întreprinderi cu sarcini foarte standardizate, întreprinderi bazate pe competențe (unde plusvaloarea de capital se realizează, de exemplu, cu servicii intelectuale) și întreprinderi orientate spre rezultate. Schimbarea care are loc este rezultatul unei combinații de modele preexistente și apare prin structuri din ce în ce mai hibride. În plus, de cele mai multe ori, internaționalizarea și globalizarea sunt în creștere. Un supermarket, de exemplu, funcționează cu o oarecare autonomie (fiecare element al structurii este o structură în sine), dar face parte dintr-o organizație mult mai mare (un grup național în exemplul nostru) care îl conține și, uneori, este inclus și într-o structură și mai mare (la nivel internațional).

În acest context apare modelul 7S:

În practică, această reprezentare pune accentul pe interacțiunea dintre diferitele componente, fiecare dintre ele fiind legată de celelalte, dar cu un nucleu central. Acest nucleu merită atenție pentru un moment. Inițial, cercul interior reprezenta "obiectivele extraordinare". Tony Athos (1934-2002), profesor la Harvard Business School și prieten apropiat al lui Robert Waterman (co-fondator al modelului), a avut ideea de a schimba aceste obiective în "valori comune". Această contribuție nu a fost nesemnificativă: a schimbat filozofia modelului prin înlocuirea elementelor prospective (obiectivele) cu fundamente solide (valorile).

Cei șapte termeni au fost rezultatul unei reflecții și dezbateri ample și, evident, nu au fost aleși la întâmplare.

STRATEGIE

Strategia determină mijloacele care trebuie utilizate. În acest caz, definirea acesteia trebuie să fie înaintea tuturor celorlalte elemente. Ea reprezintă o formă de răspuns al unei întreprinderi la mediul în care se află: trebuie să reducă costurile, să producă în cantități mari sau să se adreseze publicului său? Să-și extindă activitatea sau să se specializeze? Este agresivă față de concurenți sau încearcă să se diferențieze?

Putem observa că strategia este atât crucială, cât și potențial provocatoare, deoarece este rezultatul interacțiunii dintre companie și mediul său. Cu toate acestea, nu trebuie să ne grăbim, deoarece strategia ghidează alegerile, în special în ceea ce privește investițiile, poziționarea produselor sau localizarea geografică. Prin urmare, aceasta nu se poate schimba brusc.

Există trei tipuri de strategii:

• leadership în materie de costuri

• diferențiere (valoare)

• focalizare (nișă).

O strategie slab sau prost definită poate duce la alegeri dificile, la investiții nejustificate, la accentuarea anumitor competențe în detrimentul altora etc. Acest lucru poate cauza o anumită lipsă de unitate: întreprinderea nu are atunci nicio specializare sau punct de diferențiere. Dimpotrivă, o strategie clară conduce la investiții și decizii care se îndreaptă într-o direcție specifică. Dacă strategia este relevantă, misiunea a fost un succes. În caz contrar, este probabil ca întreprinderea să se străduiască să se reformeze.

Pentru a ilustra acest lucru, ne vom întoarce la exemplul supermarketurilor: unele mărci se disting prin prețurile lor mici, în timp ce altele sunt cunoscute pentru calitatea și originalitatea produselor lor. Altele nu au nicio caracteristică distinctivă deosebită. Același raționament poate fi aplicat și în cazul computerelor sau al telefoanelor: unele mărci încearcă să se diferențieze, fie prin stilul lor, fie prin specificațiile tehnice unice. Astfel, ele se specializează și se adresează unui anumit tip de utilizator. Altele se află în concurență cu diferiți actori bine stabiliți pe piață și trebuie să se diferențieze jucând pe factori (eventual combinați) precum prețul sau accesoriile – aplicații sau alte plusuri materiale sau imateriale, care dau impresia apartenenței la o comunitate de utilizatori (de unde și dezvoltarea unor roluri precum cel de community manager). Cu toate acestea, putem crede că, chiar dacă se adresează unui public potențial mai larg, ele rețin mai puțini clienți.

STRUCTURA

Atunci când modelele de afaceri se dezvoltă şi se modifică, se schimbă însăşi definiţia structurii. În plus, angajaţii ar trebui să fie educaţi astfel încât să perceapă strategia globală a companiei şi să decidă singuri cum se vor încadra în structură, adică cum şi cu cine vor lucra.

În prezent, descentralizarea este din ce în ce mai răspândită în sectorul industrial. Diviziunile în funcţie de funcţie şi de produs au fost înlocuite de fapt cu alte posibile segmentări folosind criterii precum ţări, regiuni, pieţe, populaţii, tipuri de produse etc. În plus, diviziunile nu se exclud neapărat reciproc (pentru a lua exemplul supermarketurilor: o marcă poate crea o diviziune geografică cu subdiviziuni în funcţie de produs în cadrul fiecărei entităţi).

Având în vedere această situaţie, este cu atât mai important ca întreprinderea să îşi centralizeze alegerile, deşi, în general, strategia va fi unică pentru fiecare divizie. Acest lucru îi permite să acţioneze la nivel global, lăsând la latitudinea entităţilor de la alte niveluri să se dezvolte în propriul teritoriu. Putem numi aceasta o structură temporară, care dă dovadă de o flexibilitate relativă, deoarece este mai mult politică sau contingentă, adică se adaptează la mediul în care se află.

👁 **E BINE DE ȘTIUT**

Conform structuralismului, relațiile sociale sunt organizate în construcții sociale, fără ca persoanele implicate să își dea seama. În domeniul științelor umaniste, conceptul de structură a apărut în Franța în anii 1950. Ea presupune, pentru gânditorii structuraliști – și anume Émile Benveniste (1902-1976), Clause Lévi-Strauss (1908-2009), Roland Barthes (1915-1980) și Laurice Godelier (născută în 1934) – o evidențiere a organizării în care predomină relația.

În biologie, una dintre particularitățile structurii este că se autoreglează.

În mod similar, structura se adaptează la evenimentele pe care le întâlnește. Aspectul relațional este predominant. În timp ce noțiunea de "sistem" prevedea elementele preexistente între care s-au stabilit diferite relații, structuralismul merge cumva un pas mai departe: aici construcțiile sociale sunt rezultatul unui set de reguli abstracte, iar originea structurii se confundă cu funcționarea acesteia, astfel încât orice perturbare provoacă o adaptare spontană.

SISTEME

Acest concept se referă la procedurile și operațiunile care alcătuiesc viața de zi cu zi a unei întreprinderi. Într-un anumit sens, implică urmărirea sau urmărirea: sisteme bugetare, monitorizarea respectării procedurilor interne, supravegherea juridică etc. O strategie care nu ține cont de aceste proceduri este sortită eșecului, indiferent de relevanța sa, deoarece ignoră funcționarea reală a întreprinderii. De asemenea, dacă decideți să modificați funcționarea unei întreprinderi sau pur și simplu să o analizați, nu neglijați procedurile și urmărirea anumitor aspecte.

PERSONAL

Conceptul de personal se referă la echipă, în sens larg: acesta cuprinde de fapt competențele, cunoștințele, programele de formare, motivația, comportamentul, salariile, ierarhia, evaluarea și promovarea indivizilor. În realitate, se referă la managementul resurselor umane în ansamblul său.

STIL

Această trăsătură, asemănătoare cu cea a personalului, se bazează pe o distincție de niveluri, deoarece presupune evidențierea comportamentului managerilor de top. Această diferențiere între manageri și personal poate fi regretabilă, deoarece îi separă, deși este necesar să se recunoască impactul potențial al schimbării liderului asupra unui grup. Unii vor obiecta că importanța stilului nu vine doar din partea liderilor. Există mai multe exemple care arată acest lucru: într-o echipă sportivă, un jucător poate avea o personalitate mai puternică sau un stil mai clar decât antrenorul. În mod similar, în cazul cinematografiei, un rol secundar poate avea un impact mai mare decât un rol principal. Dar oare un regizor nu își folosește expertiza pentru a lăsa aceste personaje să se exprime? Și cum rămâne cu jocurile de putere din lumea politică?

BINE DE ȘTIUT: MANAGEMENTUL DE TOP ȘI MANAGERII DE TOP

Managementul de vârf se referă la cel mai înalt nivel al funcțiilor executive ale unei companii private sau publice. Managerii de top sunt adesea personalități puternice, capabile să își unească echipele și să împărtășească viziunea lor asupra viitorului și mijloacele de atingere a acestor obiective. Dacă aceștia iau decizii privind strategia și obiectivele de afaceri, ei trebuie, de asemenea, să își asume (teoretic) responsabilitatea pentru acestea: sunt singurii responsabili pentru succesul sau eșecul politicilor lor.

COMPETENȚE

Termenul "competențe" se poate referi și la cunoștințe, deoarece cuprinde know-how și abilități interpersonale. Din nou, conceptul este similar cu cele de personal și strategie, dar nu în totalitate.

Abilitățile include:

• caracteristicile specifice ale întreprinderii sau ale mărcii (elementele care diferențiază sau sunt menite să diferențieze întreprinderea de concurenții săi);

- competențele personalului: întreprinderea caută angajați cu atitudini și competențe care să poată transmite și consolida valorile sale.

Prin urmare, acest concept presupune evidențierea legăturilor dintre calitățile persoanelor implicate și cele ale structurii în care acestea activează și la a cărei dezvoltare contribuie.

VALORI ÎMPĂRTĂȘITE

Valorile comune se află în centrul acestui model. Una dintre criticile aduse structuralismului evidențiază neglijența față de angajați, care sunt considerați, într-un fel, ca simple contingențe ale structurii. Ca răspuns la acest lucru, mai mulți sociologi, în frunte cu Pierre Bourdieu (1930-2002), și-au propus să îi revalorizeze pe angajați, nu în măsura în care aceștia pot fi liberi de structuri, ci considerând sfera de acțiune a experienței și performanței lor ca parte integrantă a realității structurii.

Cu siguranță, nu toată lumea este suficient de norocoasă pentru a avea locul de muncă sau situația pe care și-o dorește. Cu toate acestea, trebuie să existe un minim de valori comune, fie că este vorba de calitatea serviciului sau a produsului, sau chiar de angajamentul companiei față de o anumită cauză. Imaginați-vă că lucrați într-un magazin în care, marți, anulați toată munca pe care ați făcut-o luni. Atâta timp cât ignorați inutilitatea muncii dumneavoastră, există șanse mari să puteți continua, cu motivație variabilă, eventual chiar cu obiective în materie de productivitate sau calitate. Pe de altă parte, ce s-ar întâmpla dacă ați deveni conștient de absurditatea absolută a ceea ce vi se cere? Ați mai continua? Pentru cât timp? În ce condiții? În mod similar, am menționat strategia și managementul: o schimbare la acest nivel poate genera nemulțumirea personalului (greve, creșterea absenteismului, scăderea productivității, scăderea calității muncii, plecarea lucrătorilor care au această opțiune etc.). Toți cei care citesc aceste rânduri se vor putea gândi la exemple, în prezent sau în trecut, care ilustrează modul în care valorile care nu mai sunt împărtășite în comun provoacă tensiuni sau diviziuni.

Ceea ce contează cel mai mult aici este legătura dintre valorile unei companii (transmise de un set de indivizi) și valorile companiilor (sau ale întreprinderilor) ca organizații comerciale sau asociative. Ne-am putea referi la Companii (cu "c" minuscul) și la Societăți (cu "C" majuscul), valorile primei fiind efectiv o variantă a valorilor celei de-a doua, în raport cu care acestea trebuie să aibă sens.

CONCLUZIE

Deoarece toate componentele modelului sunt interconectate, modificarea uneia dintre ele are un impact direct asupra tuturor celorlalte. Prin urmare, acest cadru trebuie să fie întotdeauna considerat dinamic. Ilustrarea sa, sub forma unui atom, permite utilizatorului să aplice modelul pornind de la orice element, în funcție de informațiile disponibile și de poziția utilizatorului, chiar dacă componenta centrală a valorilor comune este semnificativă.

În concluzie, după o analiză a cadrului McKinsey 7S, este posibil să se obțină o idee generală despre baza unei companii sau organizații.

LIMITĂRI ȘI EXTINDERI

LIMITĂRI ȘI CRITICI

Conform articolului fondator al cadrului 7S al McKinsey, *Structure is not Organization* (1980), care face referire la pictorul suprarealist belgian René Magritte (1898-1967), reprezentarea unui lucru nu este lucrul în sine. Prin extensie, această reprezentare schematică a unei organizații, oricât de practică și de bine gândită ar fi, nu este de fapt organizația. Astfel, cadrul McKinsey 7S nu este diferit de oricare altul, fiind piatra filosofală a succesului în afaceri. Cu toate acestea, întrucât integrează informații subiective (incluse în valorile comune, echipa, competențele etc.), considerăm că acest model se poate adapta mai bine decât altele la cazul specific al fiecărei întreprinderi, deoarece este capabil să integreze parametrul specific al "culturii întreprinderii". Conducerea de vârf, supusă atenției cu o componentă proprie (stilul), poate fi suprareprezentată, deoarece, într-o anumită măsură, ar putea fi inclusă și în "personal".

Urmând concepția acționalistă, care subliniază importanța relațiilor umane, teoria organizațională, în care se încadrează cadrul 7S, este doar o parte a teoriei acțiunii, așa cum a fost dezvoltată de sociologi precum Max Webster (1864-1920) în Germania, Talcott Parsons (1902-1979) în SUA sau Michael Crozier (1922-2013) și Erhard Friedberg (născut în 1942) în Franța.

MODELE CONEXE

Având în vedere succesul cadrelor schematice, unii recurg la modelele existente pentru a le adapta la propriile afaceri. În prezentările managerilor, cadre precum 7S sunt văzute cu regularitate. În management, diagramele de flux – diagrame care prezintă activitatea ca un întreg – și fișele de proces dezvăluie un raționament similar.

De asemenea, din ce în ce mai multe modele își propun să joace și pe partea sonoră, folosind aliterația sau întrebările (cine, când, cum, cât de mult) pentru a fi memorabile.

În opinia noastră, ceea ce contează în cadrul McKinsey 7S este prezentarea exactă a interconexiunilor dintre diferitele concepte, precum și luarea în considerare a importanței relațiilor umane – în practică, aceasta nu împiedică pe nimeni să facă acest lucru în felul său. A face referire la un model testat și verificat nu înseamnă aplicarea uniformă a acestuia.

APLICAȚIE PRACTICĂ

SFATURI ȘI SFATURI DE TOP

Concret, ce înseamnă atunci când decideți să creați sau să reformați cele 7S ale unei companii în contextul unui proiect?

De unde să începem?

Cazul 1: Începerea unei afaceri

Dacă aș crea o companie mâine, probabil că aș adopta o abordare intelectuală. Într-o poziție "meta", în care aș fi atât un actor, cât și un observator extern, mi-aș defini strategia punându-mi mai întâi următoarele întrebări:

- Ce este produsul meu?

- Care este poziția mea în raport cu concurenții mei (potențiali)?

Teoretic, probabil că atunci ar veni în minte întrebările despre valori, urmate de celelalte componente ale modelului. Cu toate acestea, în practică, este clar că nu avem întotdeauna posibilitatea de a proceda în acest mod.

Cazul 2: O întreprindere existentă

Într-o structură existentă, pare mai relevant să se pornească de la nucleul atomului, adică de la valori. De fapt, acestea reprezintă efectiv cel mai mic numitor comun al membrilor companiei. Astfel, o reflecție asupra valorilor comune va clarifica, în primul rând, în mod evident, ceea ce este împărtășit de angajați. Firește, răspunsul la întrebarea despre valori și decizia de a modifica parțial conținutul acestora pot influența strategia, ca și orice altceva. De exemplu: ar trebui să păstrăm un serviciu care nu este profitabil? În mod spontan, am putea fi tentați să răspundem negativ. Dar, în cazul unui serviciu medical sau al unui serviciu de transport, această întrebare capătă un alt sens.

Implementarea proiectului

În ceea ce privește crearea unui proiect de schimbare a unei structuri existente, dialogul cu angajații este o condiție prealabilă. A acționa în sens invers, un fel de abordare "de sus în jos", echivale cu dorința de a face bine oamenilor în ciuda lor. Regimurile totalitare au demonstrat de nenumărate ori că acest sistem nu funcționează. Chiar dacă schimbarea dorită este relevantă, metoda folosită pentru a o realiza o poate condamna la eșec.

Acum că știm puțin mai bine afacerea, trebuie să punem întrebările potrivite pentru a ne implementa proiectul:

- Care sunt diferitele etape implicate?

- Care sunt mijloacele financiare și resursele (personal și competențe) necesare pentru a realiza acest lucru?

- Ce este special la această structură?

- Ce îl diferențiază de concurenții săi?

- Cum îi afectează pe cei care interacționează cu ea?

Răspunzând la aceste întrebări, definim sau redefinim stilul companiei, care este direct legat de valorile sale. Strategia, la rândul ei, nu poate fi determinată fără a lua în considerare valorile, competențele și mediul (concurența) în care se va dezvolta.

Evaluarea proiectului

Pentru a evalua proiectul, este esențial să se analizeze sistemul (monitorizare și proceduri) pentru a obține o imagine de ansamblu a întregii companii, cu calitățile și defectele sale.

Reflecția asupra criteriilor celor 7S conduce inevitabil la menținerea sau modificarea structurii care oferă un cadru pentru acțiune.

Întrebările adresate și răspunsurile oferite ilustrează interconexiunile dintre diferitele concepte din cadrul McKinsey 7S. Dacă, în final, constatăm că toate elementele au fost luate în considerare, precizarea exactă a ceea ce se încadrează într-un element sau altul poate părea uneori complicată. Ceea ce contează cel mai mult este să ne amintim să nu neglijăm niciun aspect al modelului.

STUDIU DE CAZ

Ne vom uita acum la compania X, un actor din sectorul public şi, prin urmare, o companie publică. Diferite rapoarte externe evidenţiază probleme majore de management, principalii indicatori fiind:

- o reducere a activelor lichide;

- gestionarea deficitară a resurselor umane, în sensul că numărul de lucrători a crescut continuu de-a lungul mai multor ani pentru un serviciu neschimbat;

- salariu egal cu 50% din cifra de afaceri.

X, o societate publică, este supusă unui anumit control şi trebuie să răspundă pentru problemele de gestiune care ridică semne de întrebare. Acest lucru creează tensiuni între companie şi supravegherea sa administrativă. În acelaşi timp, pe plan intern, compania trece printr-o schimbare a preşedintelui Consiliului de administraţie (CA).

Încercând să liniştească supravegherea administrativă şi, poate, să se elibereze oarecum de aceasta, CA, sub conducerea noului preşedinte, decide să apeleze la un consultant extern pentru a efectua o analiză cuprinzătoare a situaţiei.

Consultantul (numit de sectorul public) cunoaşte bine cadrul McKinsey 7S.

- Începe prin a face o primă analiză rapidă a situației, în principal financiară: venituri și evoluția rezultatelor în ultimii ani, analiza principalelor cheltuieli, masa brută de exploatare etc. Constatările sale nu numai că coincid cu cele ale supravegherii administrative, dar le întărește, prezentând rezultate semnificativ mai severe.

- După ce această primă observație "oficială" a fost făcută, deoarece realizarea unui raport în principal financiar nu necesită în mod special prezența pe teren, el lucrează în cadrul companiei și organizează ateliere de lucru cu managerii de top. Aceasta arată o serie de noi constatări, care evidențiază deficiențele în materie de organizare și logistică, tensiunile interne, problemele de competență etc.

- Odată ce consultantul a înțeles clar misiunea și obiectivele companiei, sarcina sa este de a face recomandări concrete. Soluțiile propuse sunt rezultatul atelierelor de lucru, care sunt, prin urmare, în acord sau în parteneriat cu angajații companiei și vor fi parțial puse în aplicare.

- Astfel, X va fi reorganizat în profunzime: deși plecarea inevitabilă a unei părți semnificative a personalului (o treime din lucrători) prin concediere sau pensionare anticipată este foarte greu de suportat din punct de vedere social, aceasta nu va provoca o grevă.

Observând abordarea consultantului, ne dăm seama că acesta își începe reflecțiile pornind de la nucleul cadrului 7S. El ia în considerare mai întâi valorile împărtășite de lucrători în executarea muncii lor. Apoi se concentrează asupra personalului și asupra calităților și defectelor acestuia. Problemele sunt analizate în lumina discrepanțelor dintre sistem (cum ar fi procedurile) și personal. Acest lucru arată, de exemplu, că unele misiuni nu sunt clar definite sau sunt parțial realizate de două ori, iar mulți dintre ei nu dispun de instrumentele sau competențele necesare pentru a îndeplini sarcinile care le sunt atribuite.

Prin clarificarea procedurilor interne, consultantul lucrează asupra sistemului, dar și asupra competențelor în același timp.

De asemenea, el este conștient de o serie de tensiuni, legate de diferite personalități, dar și de factori politici externi. După cum am spus, numărul de lucrători a crescut brusc și rapid, fără modificări ale serviciului furnizat. Din cauza politizării CA (o companie publică), unii lucrători par mai puțin "legitimi" decât alții. În această situație particulară, consultantul lucrează cu doi directori nou-veniți care sunt relativ neafectați de aceste probleme de legitimitate: directorul financiar și președintele CA.

În ciuda dinamicii de lucru și chiar, într-o anumită măsură, din cauza ei, se creează tensiuni și diviziuni între unii lucrători, inclusiv între directorul însuși al companiei. Directorul simte o pierdere de legitimitate, o serie de decizii și acțiuni ale sale fiind puse sub semnul întrebării. Între timp, președintele este și el implicat: el acționează ca interfață între lucrători și CA și furnizează o muncă importantă care duce la o revitalizare a întregului CA, cu o mai bună informare și o mai mare implicare a membrilor. Aceste tensiuni arată că, lucrând asupra sistemului, consultantul a zdruncinat structura. Munca "pe teren" a forțat structura să se adapteze la o reorganizare inevitabilă și importantă.

Conduși de noii manageri, în urma recomandărilor consultantului și cu sprijinul majorității lucrătorilor de nivel inferior, managerii – CA – pot redefini strategia companiei. Cu siguranță, misiunile sunt definite de un cadru organic, dar modul de a acționa în consecință depinde de ei. În acest caz, strategia este următoarea:

- adaptarea metodei;

- stabilirea de obiective în conformitate cu misiunea companiei și cu valorile care stau la baza acesteia. Deoarece este o societate de servicii publice cu răspundere limitată și nu s-a poziționat pe piață în raport cu actorii privați, aspectul strategic este mai limitat.

În ceea ce privește stilul, schimbarea președintelui este un factor determinant: un anumit dinamism și o nouă implicare animă acum acest organ de conducere. Directorul, pus pe jar din cauza deficiențelor semnalate în diferite rapoarte și care nu a participat la activitatea consultantului, este izolat. Abandonat de consiliul său de administrație, a ales să părăsească societatea în cadrul unui plan de pensionare anticipată, iar directorul financiar l-a înlocuit imediat. Într-un fel, se închide cercul, deoarece directorul financiar și președintele au fost cele două persoane principale care au avut de-a face cu consultantul.

Amintiți-vă că reorganizarea companiei X a fost finalizată fără conflicte sociale (în special fără greve). Astăzi, climatul social este semnificativ mai bun decât în trecut. Acesta se desfășoară mai armonios datorită redefinirii sarcinilor și serviciilor. Cu toate acestea, unele detalii rămân de rezolvat, inclusiv faptul că anumite competențe lipsesc încă la nivel intern. Există diverse motive pentru acest lucru:

- În primul rând, personalul actual este, în general, necalificat.

- În al doilea rând, din punct de vedere al reglementării, deoarece o întreprindere care efectuează o restructurare majoră nu poate angaja personal nou în următorii trei ani, este necesar să se determine câți angajați sunt necesari pentru a continua operațiunile și nivelul de servicii ale întreprinderii. Această abordare presupune calcularea numărului dorit de plecări pentru a forma o echipă mică, fără a avea neapărat toate competențele necesare.

În sfârșit, subliniem faptul că consultantul și-a început reflecția din centrul atomului 7S (valori comune), adică de la ceea ce au în comun toți lucrătorii. Ulterior, el a "călătorit" prin cadru, ceea ce este perfect acceptabil. Interconectarea componentelor și lipsa de ierarhie reprezintă, în opinia noastră, unul dintre punctele forte majore ale modelului.

REZUMAT

- Cadrul McKinsey 7S este un model de diagnostic organizaţional utilizat în management, în special în timpul implementării de noi proiecte sau schimbări care urmează să fie făcute în cadrul unei companii. Succesul său provine din faptul că permite luarea în considerare a unui set interesant de parametri şi subliniază interconectarea acestora.

- Apărut în anii '80, acest model este rezultatul schimbărilor din ştiinţele sociale (structuralism şi valorificarea relaţiilor sociale) şi din economie (modificarea structurilor comerciale şi de afaceri care au condus la hibridizarea şi internaţionalizarea companiilor).

- Teoreticienii cadrului McKinsey 7S sunt Robert Waterman, Thomas Peters şi Julien Philips.

- Acest model are avantajul de a lua în considerare interacţiunile dintre diferitele aspecte care alcătuiesc o organizaţie. În plus, se pune accentul pe relaţiile umane şi pe aspectul calitativ.

- Cu toate acestea, acest model, la fel ca toate celelalte, este considerat în continuare un instrument şi nu un scop în sine. În plus, având în vedere importanţa pe care o acordă relaţiilor umane, valorilor comune şi managementului, acesta acordă prioritate criteriilor subiective sau datelor calitative. Ca atare, unii preferă abordările care se concentrează mai mult pe date economice şi cuantificabile.

LECTURI SUPLIMENTARE

BIBLIOGRAFIE

Bajoit, G. (1992) *Pour une sociologie relationnelle.* Paris: PUF.

Bourdieu, P. (1979) *La Distinction – critique sociale du jugement.* Paris: Éditions de Minuit.

Bourdieu, P. (2002) *Questions de sociologie.* Paris: Éditions de Minuit.

Crozier, M. și Friedberg, E. (1977) *L'Acteur et le Système.* Paris: Seuil.

Desveaux, E. (2008) *Au-delà du structuralisme. Six méditations sur Claude Lévi-Strauss.* Paris: Complexe.

Lévi-Strauss, C. (2003) *Anthropologie structurale.* Paris: Pocket.

Site-ul lui Tom Peters: http://tompeters.com/

Waterman, R. H., Peters, T. J. și Philips, J. R. (1980) Structure is not Organization. *Business Horizons.* 23(3), pp. 14-26.

Vrem să auzim de la tine!
Lasă un comentariu despre biblioteca ta online
şi împărtăşeşte cărţile tale preferate pe reţelele de socializare!

50MINUTES.com

**IMPROVE YOUR
GENERAL KNOWLEDGE**
IN THE BLINK OF AN EYE!

www.50minutes.com

Editorul asigură fiabilitatea informațiilor publicate,
care nu ar putea însă angaja răspunderea sa.

Master ISBN: 9782808600828
Hârtie ISBN: 9782808602273
Depozit legal: D/2022/12603/228

Design digital: Primento,
partenerul digital al editurilor.